अभिप्रेरक गीता

भगवद्गीता का सबसे सरल एवं संक्षिप्त व्याख्या

डॉ. जगदीश पिल्लई

|| सही ज्ञान के अभाव में भटके एवं जीवन संघर्ष से परेशान हर उस व्यक्ति को समर्पित ||

क्रम-सूची

प्रस्तावना   vii

भूमिका   ix

प्रार्थना   xi

खण्ड 1

1. अर्जुनविषादयोग   3

खण्ड 2

2. सांख्ययोग   7

खण्ड 3

3. कर्म योग   11

खण्ड 4

4. ज्ञान योग   15

खण्ड 5

5. कर्म सन्यास योग   19

खण्ड 6

6. आत्म संयम योग   23

खण्ड 7

7. ज्ञान विज्ञान योग   27

खण्ड 8

8. अक्षरब्रह्म योग   31

खण्ड 9

9. राज विद्या राज गुह्य योग   35

खण्ड 10

क्रम-सूची

10. विभूति योग   39

खण्ड 11

11. विश्व रूप दर्शन योग (विराट रूप)   43

खण्ड 12

12. भक्ति योग   47

खण्ड 13

13. क्षेत्र-क्षेत्रज्ञ विभाग योग   51

खण्ड 14

14. गुणत्रय विभाग योग   55

खण्ड 15

15. पुरुषोत्तम योग   59

खण्ड 16

16. दैवासुर संपद विभाग योग   63

खण्ड 17

17. श्रद्धात्रय विभाग योग   67

खण्ड 18

18. सन्यास योग   71

प्रस्तावना

पिछले दस वर्षों से भगवद्गीता पर विस्तार से अध्ययन एवं शोध कर रहा हूँ । बहुत साल पहले तक हम इसको एक साधारण अध्यात्मिक धर्म ग्रंथ समझते थे और अनेकों बार पढ़ने पर भी कुछ समझ में नही आता था I मगर बहुत से महान लोगों को गीता का ज़िक्र करते देखा गया और जब वेदोपनिषद के मदद से इसको अधिक गहराईयों से जानने की निरंतर कोशिश की तो दंग रह गए।

जीवन के जंग में हर एक समस्याओं को आसानी से निपटकर हर एक क्षेत्र में उत्तरोतर वृद्धि एवं जीत हासिल करने के अनेकों रहस्यों का खजाना था इस छोटे से ग्रंथ में। हम खुद अपने जीवन में, इस ज्ञान का प्रभाव को अजमाकर देख चुके हैं और जीवन के हर क्षेत्र में, हर कार्य में, अब तक सफल भी रहे हैं|

भगवद्गीता के अठारहों अध्यायों को हम सबके जीवन से जोड़कर, आज की अपनी आम भाषा में बहुत संक्षिप्त में प्रस्तुत करने की कोशिश कर रहा हूँ एक मोटिवेशनल संवाद के रूप में|

भूमिका

कई साल के शोध के बाद यह पहली बार था कि कोविड के पहले लॉकडाउन में 16 जुलाई 2020 एकादशी के दिन मैंने भगवद्गीता का एक सरल एवं संक्षिप्त रूप "मोटिवेशनल गीता" के नाम से सोशल मीडिया पर लाइव बोलते हुए अपलोड किया गया| वह कुछ ही दिनों में करीब सात लाख लोगों से ज्यादा देखा गया और हज़ारों हज़ारों लोगों का कॉल एवं मेसेज आने लगे|

कई लोगों ने उस विडियो का टेक्स्ट (लिखित) रूपांतरण माँगा और पुस्तक के रूप में पब्लिश करने का आग्रह किया गया|

यू ट्यूब एवं फेसबुक पर अपलोड किया हुआ "मोटिवेशनल गीता" को "अभिप्रेरक गीता" के नाम से उसका लिखित रूपांतरण इस पुस्तक रूप में आप सभी के समक्ष प्रस्तुत है|

प्रार्थना

शान्ताकारं भुजगशयनं पद्मनाभं सुरेशम् ।

विश्वाधारं गगनसदृशं मेघवर्णं शुभाङ्गम् ।

लक्ष्मीकान्तं कमलनयनं योगिभिर्ध्यानगम्यम् ।

वन्दे विष्णुं भवभयहरं सर्वलोकैकनाथम् ॥

☙

अर्जुनविषादयोग

1
अर्जुनविषादयोग

हमारा यह शरीर, शरीर के अन्दर विराजमान जीवात्मा के ही वजह से जीवित है जो सृष्टिकर्ता परमात्मा या परब्रह्म का अंश है|

ऊपरवाले के द्वारा प्राप्त हुए इस शरीर से जो भी कुछ हो रहा है वो शरीर के अन्दर उस आत्मा के रहने के कारण ही हो रहा है और आत्मा, मन एवं इंद्रियों से युक्त रहता है जो हमें अनेकों मोह माया से फसाकर रखता है|

ऊपरवाले की एक सृष्टि के रूप में हम भी इस दुनिया में आये, जैसे जैसे हम बड़े हुए सामने बहुत सारे लोग, संबध, बंधन, रिश्ते-नाते, सुख दुःख, धन दौलत, पाना, खोना, मन में उत्पन्न अच्छे एवं बुरे बहुत सारी वासनाएं इत्यादि चीजों का सामना करना पड़ता है, जैसे हम चारों ओर कोलाहल से भरे एक युद्ध के मैदान में खड़ें हों और समझ में नहीं आ रहा है की आखिर हम इस दुनिया में क्यों आयें हैं और करना क्या है? जैसे एक बच्चा अपना करियर चुनने के लिए परेशान हो|

हर समस्या का दो भाग होता है, बाएं और दायें | बाएं तरफ हर समस्या का कोई न कोई कारण, दाहिने तरफ हर समस्याओं से निपटने का समाधान|

मगर हमारा आत्मा एवं मन कई समस्याओं में उलझकर ऐसे सोच में, ऐसे परिस्थिति में, असमंजस में, विषाद में, जीवन युद्ध से घबराकर, लड़े बिना ही थके-हारे अनेकों समस्याओं में घिरे हुए अपने जीवन में अक्सर अर्जुन सा एक विषाद आत्मा बनकर रह जाता है।

सांख्ययोग

2

सांख्ययोग

समस्याओं का समाधान न मिलने पर जीवन में अक्सर ऐसी परिस्थितियाँ आती हैं जहाँ हम अपने आपको हारा हुआ महसूस करते हैं और दुखी हो जाते हैं, कुछ लोग सब कुछ होने के बावजूद भी आत्महत्या तक कर जाते हैं|

अगर कोई हमें सद्बुद्धि का मार्ग दिखा दें,

मनुष्य जन्म मिलने का महत्व को समझा दें,

हमारे अन्दर के हुनर, खूबियाँ एवं शक्तियों के बारे में अवगत करा दें,

सकारात्मक एवं नकारात्मक सोच के प्रभाव को समझा दें,

सबके हित में सत्य, स्वधर्म तथा सन्मार्ग को समझा दें,

नश्वर शरीर एवं अनश्वर आत्मा के बारे में समझा दें,

दूसरों के कर्मों में दखल न करें ये समझा दें,

हर अनुकूल या प्रतिकूल परिस्थिति में अपने आपको स्थिर बुद्धि में रखना यानी मन को काबू में रखना, ये समझा दें तो हम भी जीवन के हर जंग को लड़कर जीत सकते हैं|

जैसे सूरज अपनी ऊर्जा या प्रकाश हर किसी को बराबर देता ही रहता है, चाहे कोई उस ऊर्जा या प्रकाश से अच्छा कर्म करें या बुरा कर्म, मगर सूरज सबके हित में अपना स्वधर्म करता ही रहता है|

कर्म योग

3
कर्म योग

अपने जीवन में सुबह से शाम तक अनेकों कर्म हमें करने पड़ते हैं|

मगर कर्म दो तरह के होते हैं, एक स्वार्थ कर्म, दूसरा निस्वार्थ कर्म|

सिर्फ हम, मैं, अपना एवं अपने परिवार के लिए ही सोच कर जो कर्म करें वो स्वार्थ कर्म में आता हैं और यह तो थोडा बहत ज़रूरी भी है, मगर हम अपने एवं अपने परिवार के साथ साथ प्रकृति का सेवा समझकर निस्वार्थ भाव से, किसी भी फल के इच्छा के बिना जिस चीज़ से जितना हम सक्षम है उसी से दूसरों के लिए, प्रकृति एवं समाज केलिए कर्तव्य भाव से जो भी कर्म करते हैं वास्तव में वही यथार्थ कर्म एवं "धर्म" है|

प्रकृति से हम बहुत कुछ ऐसे ही लेते रहते हैं | निस्वार्थ कर्म से ही एक स्वस्थ, शांत जीवन जी सकते हैं क्योंकि हर चीज़ पैसे से खरीदा नहीं जा सकता|

अगर आपने एक पेड़ लगाया तो उस पेड़ से कब, कितना और क्या क्या फल मिला, या किस पेड़ से कितना ऑक्सीजन मिला, ये आप कभी गिन नहीं सकते, वो तो सनातन काल तक कई तरह के फल तो देते ही रहेंगे, आप रहे या न रहें, इसलिए कहते हैं कर्म करते रहिये, फल की इच्छा मत करिए क्योंकि वो आपके सोच से परे है|

ज्ञान योग

4

ज्ञान योग

हमारे पैदा होने से पहले भी दुनिया थी और हमारे बाद भी रहेगा, प्रकृति अपने कर्मों को निरंतर करता ही रहता है|

जब तक हम जीवित हैं सन्मार्ग की ओर बढ़ने के लिए हमें भी कैसे कर्म करते रहना चाहिए इसका ज्ञान होना बहुत ज़रूरी है|

बहुत कुछ त्यागना पड़ता है, क्षमा करना पड़ता है, नज़र अंदाज़ करना पड़ता है, जैसे हमारे माता पिता हम बच्चों के साथ करते हैं|

आप जो भी कर्म करते हैं उसके पीछे आपका एक भाव होता है | कर्म के भाव के अनुसार ही आपके आगे का भविष्य निर्धारित होता है|

कुछ धन दौलत होने से खुद को मालिक समझना ये तो बेवकूफी है | मालिक तो एक ही है, हम लोग यहां सिर्फ कुछ लोगों का एवं वस्तुओं का अस्थायी देख भाल करने वाले सेवक हैं।

धरती में हमें भेजने वाला अपने मर्ज़ी से हमें वापस भी बुला लेता है चाहे हमारा संबंध किसी वस्तु या व्यक्ति से कितना भी गहरा क्यों न हो।

इसीलिए सही ज्ञान प्राप्त करने के लिए सर्वगुण संपन्न एक ज्ञानी गुरु की खोज करनी चाहिए तथा गुरु की निरंतर सेवा करते हुए, उनके आचरण एवं अनुशासन से प्रेरणा लेते हुए, ज्ञान प्रप्त करते हुए धीरे धीरे अपने सद्बुदि्ध को बढ़ाते रहना चाहिए।

हाँ, कुछ लोग हर चीज़ में संशययुक्त रहते हैं जिन्हें हम आम भाषा में शक्की कहते हैं | ऐसे लोग जीवन में कभी भी शांत मन से एक सुखी जीवन जी नहीं पाते|

कर्म सन्यास योग

5
कर्म सन्यास योग

यहाँ ज्ञान एवं कर्म के बारे में जानकर जीवन में उन्नति में अग्रसर दो तरह के लोगों के बारे में बताते हैं | एक है कर्म योगी, दूसरा है कर्म सन्यासी|

कर्म योगी मतलब, निरंतर अपने लिए तथा दूसरों के लिए हर काम अपना कर्तव्य मानकर करता रहता है, मगर क्या फल मिला या क्या फल मिलेगा इसकी चिंता नहीं करता, मतलब कर्मफल के सोच को ही वो त्याग देते हैं|

ऐसे भाव में रहते हैं कि "हम अपना कर्तव्य किये बस"।

कर्म सन्यासी वो लोग होते हैं, जो बहुत सारे निस्वार्थ कर्म करते हैं या कर चुके हैं पर उस सोच को भी वो त्याग देते हैं, जो किया ऊपर वाले ने किया जो मिला ऊपर वाले को गया, मतलब वो लोग सब कुछ करने एवं मिलने के बाद भी ऐसे भाव में रहते हैं जैसे "किया भी कुछ नहीं, हुआ भी कुछ नहीं"।

सोचिये हम दिन रात कितना परेशान रहते हैं, खुद कई चीजों का मालिक एवं करता धर्ता बन बैठते हैं, मैं, मेरा, हम, हमारा आदि सोच में रहते हैं|

अगर यह सोच हटा दे, तो मन कितना शांत हो सकता है और शांत मन से सबके हित में कितना अच्छा निस्वार्थ काम हो सकता हैं।

आत्म संयम योग

6

आत्म संयम योग

अक्सर हम बिना सोचे समझे ही जीवन में कई निर्णय लेते रहते हैं|

जीवन में कई चीज़ों का सामना करना पड़ता है, यदि थोड़ा समय निकालकर संयम से, ध्यान से, एक शांत मन से सोचें तो हम बहुत अच्छा निर्णय ले सकते हैं जो अपने एवं औरों के लिए हमेशा ही हितकारी हो|

इसलिए जीवन में कभी कभी एकांत में बैठकर थोड़ी देर ध्यान कर लेना चाहिए या जब भी कोई विषम परिस्थिति हो, दुखी हो ध्यान करने से मन हल्का हो सकता है|

मन में उत्पन्न होने वाले सकारात्मक एवं नकारात्मक सोच के प्रभाव के वजह से मन हमारे लिए शत्रु एवं मित्र बन जाता है|

किसी वस्तु या व्यक्ति को जीतने की कोशिश मत करिए|

किसी के जीतने पर जलन एवं किसी के हारने पर जश्न मत मनाईये, जलन के भाव को त्याग दीजिये | क्योंकि जो जलेगा वही नष्ट होगा |

हमेशा खुद के अपने मन को जीतने की कोशिश करिए, खुद के खूबियों से अपने को उन्नति के ओर बढ़ाते रहिये।

जो अपने मन पर विजय प्राप्त कर लिया समझो जीवन में हर क्षेत्र में विजय प्राप्त कर लिया।

क्योंकि विषाद रहित एक शांत शुद्ध मन का होना मतलब हमारा सद्बुद्धि का बढ़ना, अच्छे सोच विचार का उत्पन्न होना एवं जीवन में उत्तरोत्तर सकारात्मक कर्मों का वृद्धि होना है।

ज्ञान विज्ञान योग

7

ज्ञान विज्ञान योग

खाते पीते एवं धन दौलत के पीछे भागकर बस एक आम आदमी के तरह जीवन जीकर दुनिया से चले जाने वाले लोग तो बहुत हैं, मगर लाखों में कोई ऐसा होगा जो सृष्टि कर्ता एवं उनके द्वारा बनाये गये स्थिर प्रकृति एवं नाशवान प्रकृति को समझने की कोशिश करेगा और खुद अपने आत्मा के अन्दर छुपे हुनर, खूबियों एवं शक्तियों को जानकर सद्बुद्धि को बढ़ाकर सर्वहित में बड़े बड़े काम करके, शरीर त्यागने के बाद भी उनके द्वारा किया गया उत्कृष्ट कर्म से वह नित्य लोगों के दिलों में जीवित रहेगा |

बीमार लोग, धन मोहि लोग, भगवान् क्या है ये जानने की कोशिश करने वाले लोग एवं सर्वगुणसंपन्न सद्बुद्धि युक्त ज्ञानी लोग ऐसे चार तरह के लोग इश्वर का शरण लेते हैं, जिनमें ज्ञानी लोगों को सर्वश्रेष्ट माना गया है |

माला में मोतियों के तरह प्रपंच का हर एक वस्तु गूंथा हुआ है, हम मनुष्य भी उन्हीं में से एक हैं । हमारे अंदर जो भी बल है, तेजस है जैसे सूर्य में प्रकाश है, पानी में प्यास बुझाने की क्षमता है, वह सब सृष्टिकर्ता के चैतन्य का ही अंश है ।

इस तरह के ज्ञान को विज्ञान सहित समझकर, खुद अपने जीवन में अनुभव करके अपने अंतर्मन को प्रकाशित करते रहने पर ही हम अपने इस मनुष्य जन्म होने पर गर्व कर सकते हैं|

अक्षरब्रह्म योग

8

अक्षरब्रह्म योग

हम कुछ भी करें, सोचें, इकट्टा करें, मस्ती करें मगर हम हमेशा अक्षर मतलब अनश्वर प्रकृति सृष्टिकर्ता के अधीन ही रहते हैं|

जिस शरीर पर या वस्तुओं पर हम गर्व या अभिमान करते हैं वो तो क्षणभंगुर है, आज है, कल नहीं | अगले पल का तो हमें पता ही नहीं|

इसलिए हमेशा यह ध्यान रहे कि हमें सृष्टिकर्ता यानी परब्रह्म ने जिस उद्देश्य के लिए जन्म दिया है उस उद्देश्य को समझकर अपना हर कार्य करते रहें|

बहुत सारे लोगों को, लोगों के बातों को, व्यवहार को हमें अपने जीवन युद्ध में झेलने पड़ते हैं|

मगर स्वयं को स्थिर बुद्धि से परब्रह्म को ध्यान में रखकर हर कर्म उन्हीं को समर्पित कर के अपने लक्ष्य प्राप्ति के लिए जीवन युद्ध में आगे बढ़ते रहना चाहिए|

कोई बुरे कर्मों से अन्धकार के तरफ बढ़ता होगा, होने दीजिये मगर खुद अपने आप को हमेशा सात्विक कर्मों से प्रकाश की ओर बढ़ाते रहिये और

अपने प्रकाश से, अपने आचरण से, दूसरे को भी प्रकाशित करते रहिये|

यह सब मन एवं इन्द्रियों का खेल है|

मन का लगाम कसने का यदि हुनर प्राप्त हुआ तो समझो सब कुछ प्राप्त हुआ|

राज विद्या राज गुह्य योग

९

राज विद्या राज गुह्य योग

अध्याय के नाम में ही सब कुछ है | राज विद्या मतलब सबसे बड़ा रहस्य और जितना बड़ा यह रहस्य है उतना ही ये हमारे अन्दर गुह्य है या छुपा है|

जैसे हिरण खुद के कस्तूरी को नहीं ढूढ़ पाता, इसी तरह मनुष्य भी अपने अंदर छुपे अनगिनत रहस्य एवं खूबियों को ढूढ़ नहीं पाता या जान नहीं पाता|

बस ज्यादातर लोग सिर्फ रोजी रोटी एवं कुछ धन दौलत के पीछे भागते हुए ही जीवन खत्म कर देते हैं|

कई रहस्यों को इस अध्याय में दिया गया है मगर उसको हम सीधे भाषा में नहीं समझ सकते|

थोड़ा आराम से, संयम से एक एक शब्द को, वाक्यों को पढ़िए और देखिये वो रहस्य पता चलता है क्या? अगर पता चल गया तो फिर आपको बड़े बड़े महात्मा बनने से, वैज्ञानिक बनने से या एक बहुमुखी

प्रतिभा बनने से कोई नहीं रोक सकता |

छोटा मोटा नौकरी मिलना, या कोई बड़े पद वगैरह मिलना तो आम बात है, बहुत लोग तो कर ही लेते हैं, मगर इस अध्याय में छुपा हुआ वह रहस्य अगर हम जान लेते हैं तो हम दुनिया में अद्भुत से अद्भुत कार्य करके अपना एक अलग सा पहचान बना सकते हैं|

आज दुनिया में हमारे पहने हुए कपड़ों से लेकर मोबाइल तक कितने भी सुख सुविधाएं उपलब्ध है, ये तो किसी न किसी मनुष्य के ही अविष्कार या खोज का परिणाम है|

विभूति योग

10

विभूति योग

जब आप पिछले अध्याय में बताये गए रहस्यों को अगर समझ लेते हैं तो आपको फिर श्रेष्ट बनने से कोई नहीं रोक सकता, आप खुद अपने अन्दर के विभूतियों से विभूषित होंगे जैसे फूल के अन्दर सुगंध एवं मधु रहते हैं और हम उसका आनंद लेते रहते हैं|

जिन लोगों को जिस विषयों में रूचि है वो लोग उस विषयों में अद्भुत खोज करेंगें, आविष्कार करेंगें और उनकी ख्याति दुनियाभर में होती रहेगी तथा उनके शरीर छोड़ने के बाद भी उनके द्वारा किए हुए हर काम से, व्यवहार से, आचरण से, आविष्कार से या खोज से आने वाले हर पीढ़ी लाभान्वित होते रहेंगे, प्रेरणा लेते रहेंगे|

सृष्टिकर्ता यानी परब्रह्म के स्वाभाव को एवं अपने खुद के अन्दर के असीम शक्तियों को पहचानने वाले लोग अपने हुनर एवं सद्बुद्धि से ऐसे ऐसे कार्य दुनिया में कर जाते हैं जो एक आम लोगों के सोच से परे है | ऐसे बहुत सारे व्यक्तित्व को हम लोग जानते हैं, उनके बारे में पढ़ते हैं, उनसे प्रेरणा भी लेते रहते हैं और हम उनका सम्मान भी करते रहते हैं | ऐसे बहुत सारे महान व्यक्तिओं के साथ कहीं न कहीं गीता भी जुड़ा हुआ है, और ऐसे कई महात्माओं ने गीता का अपने समझ के अनुसार व्याख्या भी किया हुआ है|

विश्व रूप दर्शन योग (विराट रूप)

11

विश्व रूप दर्शन योग
(विराट रूप)

अब तक सृष्टिकर्ता यानी परब्रह्म के असीम खूबियों के बारें में हम लोग जाने और यह भी जाने की वो सारे खूबियाँ हमारे अन्दर भी मौजूद है|

गीता में अर्जुन को भगवान ने अपना विराट रूप दिखाया है और यह समझाया है कि सृष्टि में इस प्रकृति के अनगिनत चीज़ों में सबसे महत्वपूर्ण सृष्टि मनुष्य को दिया है|

भगवान् अपने विराट रूप से हमें ये सीख दे रहे हैं कि भगवान् के हर खूबियों को अपने अंदर भी खोज डालो और अपने जीवन में अपना असीमित कर्मों से अपना भी विश्वरूप यानी विराट रूप दिखाओ | इस दुनिया में बहुत सारे ऐसे लोग है जो अपना विराट रूप दिखा चुके हैं|

ज्यादातर लोगों की पहचान खुद अपने परिवार, रिश्तेदार, गली मोहल्ले या शहर तक सीमित है मगर कुछ ऐसे लोग जिनको दुनिया में हर एक व्यक्ति पहचानता है|

उदाहरण स्वरुप डॉ एपीजे अब्दुल कलाम, महात्मा गांधी, पंडित मदन मोहन मालवीय जी, सचिन तेंदुलकर आदि|

इन लोगों को हम महात्मा या महान लोग कहते हैं यानी वो लोग असीमित कर्मों से, हुनर से अपना विराट रूप दिखा चुके हैं विश्वभर में अपना पहचान दिखा चुके हैं।

हम जब अपने खूबियों से सीमित से असीमित बनकर, अपने अंदर के विभूतियों से विभूषित होकर उभरते हैं तो हमारा अपना भी विश्वरुप हो जाता है|

भक्ति योग

12
भक्ति योग

जब हम सृष्टिकर्ता के खूबियों, शक्तियों एवं उनके विराट रूप को जानने एवं समझने के बाद ऊपरवाले से हमारा भक्ति बढ़ना तो स्वाभाविक है|

हमलोग भगवान् के भक्त तो बनते ही है, मंदिर जाते हैं, पूजा पाठ करते हैं वगैरा वगैरह | मगर क्या कभी सोचा है भगवान किसको सच्चा भक्त मानते हैं ? भगवान का सच्चा भक्त बनना बहुत आसान तो नहीं, मगर बन गए तो समझो भगवान और भक्त के बीच एक अच्छा रिश्ता बन जाता है|

भगवान् का असली भक्त जो भी कर्म करेगा, वह प्रकृति के नियमानुसार सर्वहित केलिए ही होगा और इसलिए भक्त एवं भगवान् दोनों आपस में खुश रहते है | जैसे एक उत्तम शिष्य एवं गुरु के बीच का संबंध हो|

भगवान् का सच्चा भक्त बनने के लिए मनुष्यों में यह गुण होना चाहिए जैसे, किसी से भी बैर न हो,

किसी से भी ज़बरदस्त मोह न हो,

मैं, मेरा , हम, हमारा ऐसा भाव न हो,

सुख एवं दुःख में विचलित न होता हो,

हर कर्म को सृष्टिकर्ता यानी परब्रह्म का सेवा समझकर करता हो|

शत्रु एवं मित्रों में समान भाव रखता हो |

काम, क्रोध, लोभ, मोह, मद, मत्सर को त्यागा हो,

जो भी प्राप्त उसको पर्याप्त मानकर मित भाव से पवित्र मन से रहता हो,

ऐसे लोगों को भगवान् अपना परम भक्त मानते हैं|

क्षेत्र-क्षेत्रज्ञ विभाग योग

13

क्षेत्र-क्षेत्रज्ञ विभाग योग

भगवद गीता के पहले अध्याय के पहले श्लोक "धर्म क्षेत्रे कुरु क्षेत्रे" ऐसे शुरू होता है," मतलब "यहाँ "क्षेत्र"" शब्द आता है जिसके बारे में इस अध्याय में विस्तार से बताया गया है| क्षेत्र मतलब क्या और क्षेत्रज्ञ मतलब क्या?

यहां अपने शरीर को ही क्षेत्र कहते हैं और इस शरीर के अंदर विराजमान आत्मा को क्षेत्रज्ञ कहते हैं | इन दोनों के अन्तर को समझना ही असली ज्ञान प्राप्ति है। क्षेत्रज्ञ यानी आत्मा, क्षेत्र में या शरीर में विराजमन है, जैसे परब्रह्म पूरे प्रपंच में विराजमान हैं|

हम इस नाशवान शरीर के बारे में ज्यादा सोचते हैं, इसका ख्याल रखते हैं मगर इस शरीर के अंदर विराजमान मन एवं आत्मा का कम ध्यान देते हैं बल्कि सारा दिव्यत्व एवं शक्ति उसी में समाहित है|

बिना आत्मा के न हम देख सकते हैं, न सुन सकते है, न सोच सकते हैं, न हम अपना हाथ पैर हिला सकते हैं|

जो भी खूबी है वो आत्मा का ही है, शरीर का नहीं, फिर हम किस चीज़ का गर्व करें | आत्मा सब कुछ झेल सकता है, समझ सकता है, देख सकता है, हमें अच्छा बुद्धि दे सकता है, हम भले किसी से भी कुछ भी छुपाये मगर खुद की आत्मा से तो हम कुछ भी छुपा नहीं सकते हैं|

गुणत्रय विभाग योग

14

गुणत्रय विभाग योग

हमारे बीच बहुत सारे लोग हैं और सबका स्वभाव अलग अलग होता है|

इस अध्याय से हमें ये सीख मिलता है कि हर मनुष्यों में तीन गुण होते हैं जिसे कहते हैं सात्विक गुण, राजसिक गुण एवं तामसिक गुण|

जिनके अन्दर सात्विक गुण ज्यादा है या वह गुण ऊपर उठा हुआ है तो वो निस्वार्थ, सर्वगुणसंपन्न, ज्ञानप्राप्त एवं सर्वहित के लिए काम करने वाले व्यक्ति होंगें|

राजसिक गुण वालों में थोड़ा सात्विक एवं थोड़ा तामसिक गुण का मिश्रण होता है|

थोड़ा मतलबी, हर काम के बदले कुछ न कुछ अपेक्षाएं रखने वाले, मोह, माया, ममता, बंधन संबंध में उलझे रहते हैं|

तामसिक गुण वाले बड़े ही विचित्र स्वभाव के होते हैं, हर तरह के नीच कर्म को करना, गलत तरीके से पैसे कमाना, गलत चीज़ों में उन पैसों का इस्तमाल करना, किसी से भी नहीं डरना, बांसी खाना पसंद करना ऐसे अनेकों दुर्गुणों से भरे रहते हैं|

जब हम किसी भी व्यक्ति के स्वभाव से परेशान होते हैं तो इस बात से हम अपने आपको शांत कर सकते हैं कि उस व्यक्ति का, ऊपर बताये तीन गुण में से जो भी गुण बढ़ा हुआ होगा, उसी के अनुसार उसका स्वभाव होगा|

हमारे अंदर भी इन तीनों में से जो गुण उजागर होगा, उसके अनुसार हमारा अपना भी स्वभाव एवं व्यक्तित्व होगा|

पुरुषोत्तम योग

15

पुरुषोत्तम योग

हमारे सामने ये प्रपंच एवं जीवन, बरगद के पेड़ के शाखाओं के तरह सात्विक, राजसिक एवं तामसिक गुणों से युक्त होकर इधर उधर उलझा एवं फैला हुआ है|

कहाँ शुरू, कहाँ खत्म कुछ पता ही नहीं और एक जीवन में इन सबको समझ पाना भी मुमकिन नहीं|

बस इतना ही समझ सकते है कि यह शरीर नाशवान है बस आत्मा ही स्थिर है|

हम जो भी करते हैं सारा हिसाब किताब आत्मा में सुरक्षित रहता है और जब हम शरीर छोड़ते हैं तब हमारे द्वारा किये हुए सभी कर्मों के हिसाब के साथ आत्मा, मन एवं इन्द्रियों के साथ वैसे ही निकल जाता है जैसे फूल से सुगंध निकल जाता है|

किये हुए कर्मों के गुण के अनुसार उत्तम या नीच कुल में फिर वो आत्मा शरीर धारण कर लेता है|

हमारे शरीर के अंदर विराजमान परमात्मा का अंश जीवात्मा के ही वजह

से हमारे शरीर के अंदर भूख, प्यास, पाचन, याद करना, भूल जाना ऐसा सब कुछ होता है | इसलिए परमात्मा को पुरुषोतम कहा गया है | इस पुरुषोतम परमात्मा एवं इसका दिव्यांश जीवात्मा को जानना एवं समझने को ही असली ज्ञान प्राप्त करना कहते हैं| क्योंकि वही ज्ञान जो हमें जीवन के जंग में हर मोड़ पर सकारात्मक कर्मों से उत्तरोतर वृद्धि करने में हर चीज़ में सक्षम बनने में हमें मदद करता रहेगा|

दैवासुर संपद विभाग योग

16

दैवासुर संपद विभाग योग

इस अध्याय के नाम में भी दो ऐसे शब्द आते हैं एक "देव " दूसरा "असुर," | हम मानव में ही दोनों देखे जा सकते हैं, कोई देव स्वाभाव वाले होंगे तो कोई असुर स्वाभाव वाले|

हम धन दौलत जैसे अनेकों सम्पत्तियाँ इकट्टा करते हैं मगर ये सब नाशवान प्रकृति के होने के कारण नश्वर है और मोह माया से ग्रसित है|

यह अध्याय हमें यह सलाह देता है की मन से, वचन से, कर्म से, किसी का भी बुरा न सोचें, न करें।

किसी से भी बैर न रखें,

बुद्धि को हमेशा हर परिस्थितियों में स्थिर रखने का अभ्यास करते रहें|

कर्मफल जो भी है उस पर मन संतुष्ट एवं तृप्त रहें|

किसी की भी निंदा या अपमान न करें क्योंकि ऐसा करने से परमात्मा

अपमान होता है|

कम एवं मधुर बोलने की आदत हो तथा अधर्म एवं अधर्मियों से दूर रहें|

इसके विपरीत जो भी कर्म हम करेंगे उसको असुर संपदा कहा जाएगा|

असुर संपदा वाले लोग जीवन में हर प्रकार के कष्ट, नष्ट एवं कई उलझनों में पड़कर जीवन को नरक बना लेते हैं|

परमात्मा एवं जीवात्मा का ज्ञान होने से जीवन में अच्छे से अच्छे कार्य करने में हम समर्थ बन जाते हैं और हम मानव में ही अपने आचरण से देव भाव को उजागर करके, सकारात्मक कार्यों से समाज को प्रेरणा एवं मार्गदर्शन दे सकते हैं|

श्रद्धात्रय विभाग योग

17

श्रद्धात्रय विभाग योग

इस अध्याय के नाम में भी जो शब्द है "श्रद्धा" बस इसी चीज़ को ही समझना है|

जैसे पहले भी कहा गया था हमें अपने जीवन युद्ध में बहुत सारे लोगों का एवं समस्याओं का सामना करना पड़ता है और "श्रद्धा" यानी कम ध्यान देने के कारण अक्सर हम गलत लोगों के संपर्क में पड़ जाते हैं या जीवन में कई जगह जाने अनजाने में गलत निर्णय ले लेते हैं|

"श्रद्धा" भी सात्विक, राजसिक एवं तामसिक गुणों से युक्त है|

किसी भी व्यक्ति से जुड़ते समय,

कोई भी खाना पसंद करते समय,

कोई भी कार्य को किसी के साथ भी शुरू करते समय,

किसी के साथ भी अच्छा बुरा सोचते समय,

दान करते समय एवं लेते समय,

किसी भी चीज़ का मोह करते समय,

कुछ भी त्याग करते समय,

अगर आप "श्रद्धा" से एवं सात्विक, राजसिक एवं तामसिक गुणों से परखकर करने लगे तो जीवन में समस्याएं भी कम होंगे और मन शांत एवं प्रसन्न रह सकता है|

एक उदहारण के लिए आप तीन मंजिले ऊपर के मकान से नीचे किसी के बुलाने पर बहुत जल्दी से सीढ़ियां उतरते वक्त आप गिर भी सकते हैं, मगर एक सेकेंड "श्रद्धा"से यह सोचकर उतरे की जल्दबाजी में गिर भी सकते हैं तो आप एक बड़े हादसे से अपने आपको बचा सकते हैं|

सन्यास योग

18

सन्यास योग

यह सन्यास शब्द बहुत लोगों को असमंजस में डाल देता है और कुछ लोग यह तक समझ लेते हैं कि सन्यास का मतलब भगवा कपड़ा पहनकर सब कुछ त्यागकर सन्यासी होना है, मगर नहीं।

हमारे अज्ञानता को, काम, क्रोध, लोभ, मोह आदि चीज़ों को त्यागने को ही सन्यास कहा गया है।

जीवन तो हमें जीना ही है, हर सुख दुःख को भोगना भी है, मगर दूसरों के अच्छे बुरे कर्मों का प्रभाव अपने ऊपर लेकर, मन को विचलित करके, खुद के जीवन को नरक बनाने वाले कई नकारात्मक तत्वों को त्यागने को सन्यास कहा गया है।

सात्विक गुणों से युक्त अपने जीवन युद्ध में हमें आगे बढ़ने से रोकने वाले हर नकारात्मकता को जीतने का, श्रेष्ट बनने का ज्ञान प्राप्त करते रहिये।

किसी भी व्यक्ति के निंदा भरी बातों से, कभी कहीं हारने पर या कोई इष्ट वस्तु प्राप्त न होने पर विवश या विषाद में मत रहिये।

उठिये अपने अन्दर के सद्बुद्धि को जगाइए|

जिस व्यक्ति को जीवात्मा एवं परमात्मा का शक्तियों का ज्ञान प्राप्त हो,

इच्छा शक्ति, सहन शक्ति एवं अपने खूबियों की पहचान हो,

हर परिस्थिति को स्थिर बुद्धि से संभालना आता हो,

मन पवित्र एवं निःस्वार्थ हो,

ऐसे व्यक्तियों को जीवन युद्ध में जीतने से कोई नहीं रोक सकता|

वो अपने कर्म से हर तरह का शाश्वत ऐश्वर्य प्राप्त कर लेता है|

जीवन के हर जंग में जीत हासिल कर लेता है|

संपर्क सूत्र

डॉ. जगदीश पिल्लई

9839093003

myrichindia@gmail.com

facebook.com/drjagadeeshpillaiofficial

facebook.com/drjagadeeshpillai

youtube.com/drjagadeeshpillaiofficial

All books are available worldwide at

AMAZON, FLIPKART, NOTIONPRESS.COM etc.